AF360292

NOTICE

DE

BONS LIVRES

FRANÇAIS, ANGLAIS, ALLEMANDS, PERSANS, INDIENS ET CHINOIS

*Dont la vente aura lieu le lundi 15 octobre 1860
et jours suivants, à 7 heures du soir*

RUE DES BONS-ENFANTS, 28, MAISON SILVESTRE

Par le ministère de **M⁰ PEYNAUD**, commissaire-priseur
rue de Tournon, 12

———●●●———

PARIS

H. LABITTE, LIBRAIRE

5, QUAI MALAQUAIS

—

1860

ORDRE DES VACATIONS

On vendra, au commencement de cette dernière vacation, un grand nombre de bons ouvrages non portés sur le Catalogue.

———

Il y aura chaque jour de vente, de DEUX heures à TROIS, exposition des livres composant la vacation du soir.

Les acquéreurs payeront, en sus du prix d'adjudication, cinq centimes par franc, applicables aux frais.

Les articles au-dessous de 10 francs ne seront repris que dans le cas où ils seraient incomplets.

On pourra collationner les livres dans la salle de vente, et dans les vingt-quatre heures qui suivront l'adjudication; mais une fois enlevés, ils ne seront repris pour aucune cause.

NOTICE

DE

BONS LIVRES

FRANÇAIS, ANGLAIS, ALLEMANDS
ET ORIENTAUX

THÉOLOGIE.

1. Biblia sacra. *Vesuntio*, 1829, gr. in-8, d.-rel.
2. La Sainte-Bible, tr. par Martin. *Bruxelles*, 1853, in-12, mar. br.
3. Clementis Alexandrini opera, gr. et lat., 1592, in-fol., v. br.
4. Le Coran, trad. par Savary. *Paris*, 1821, 2 vol. in-8, d.-rel.
5. Avesta, die heiligen Schriften der Parsen, aus dem Grundtexte übersetzt, von D^r Fr. Spiegel, Erster Band. *Leipzig*, 1852, in-8, br.
6. Schauplatz der heiligen Schrift, von Dr Gratz, *München*, 1858, 10 part., in-8, br. cart. et plans.

JURISPRUDENCE.

7. Lerminier. Introduction à l'histoire du droit. *Paris*, 1829, in-8., br.
8. Codes, annotés par Sirey, *Paris*, 1833, in-4, d.-rel.

9. Les Codes français, annotés par Teulet. *Paris,* 1843, 2 vol. in-8., d.-rel.

10. Dictionnaire de législation usuelle, par de Chabrol-Chaméane. *Paris,* 1845, 2 vol. in-8, br.

11. Dictionnaire général des lois pénales, disciplinaires et de police, par de Chabrol-Chaméane. *Paris,* 1845, 2 vol. in-8, br.

12. Sapey. Les Étrangers en France sous l'ancien et le nouveau droit. *Paris,* 1843, in-8, br.

13. Nouveau dictionnaire des notaires. *Paris,* 1836, 3 tomes en 2 vol. in-8, d.-rel.

SCIENCES ET ARTS.

14. J. Bruckeri, institut. historiæ philosophicæ. *Lipsiæ,* 1790, in-8, d.-rel.

15. Diogenis Laertii de vitis philosophorum, gr. et lat., ed. Huebnerus. *Lipsiæ,* 1828, in-8, d.-rel.

16. Tennemann's Geschichte der Philosophie. *Leipzig,* 1829, in-8, br. = Histoire de la philosophie, tr. de Tennemann, par V. Cousin. *Paris,* 1829, 2 vol. in-8, br. = Hegel. Geschichte der Philosophie. *Berlin,* 1833, 2 vol. in-8, br.

17. Rixner. Handbuch der Geschichte der Philosophie. *Sulzbach,* 1829, 3 vol. in-8, br.

18. W. Enfield. The history of philosophy. *London,* 1819, 2 vol. in-8, d.-rel. = J. Ireland. Paganism and Christianity compared. *London,* 1809, in-8, d.-rel.

19. Œuvres de Platon, traduites par V. Cousin. *Paris,* 1822-1839, t. 1, 2, 3, 4, 5, 6, 11, 12, d.-rel., veau bleu.

20. Introduction à la philosophie de Platon, par Combes Dounous. *Paris,* 1800, in-8, pap. vel., cart. n. r.

21. Essai historique sur Platon, par Combes Dounous. *Paris*, 1809, 2 vol. in-12, br., pap. vélin.

22. La Morale et la politique d'Aristote, tr. par
Thurot. *Paris, Didot*, 1823, 2 vol. in-8, d.-rel.

23. Jourdain. Recherches critiques sur l'âge et l'origine des traductions latines d'Aristote. *Paris*, 1819,
in-8, br.

24. Discours philosophiques d'Épictète, recueillis
par Arrien, tr. par Thurot. *Paris*, 1838, in-8., br.

25. Plotini opera, gr. et lat. *Basilœ*, 1580, in-f., v.

26. Confucius et Mencius, les 4 livres de philosophie
morale et politique de la Chine, trad. par M. Pauthier. *Paris, Charpentier*, 1854, in-12, br.

27. Gymnosophista, sive Indicæ philosophiæ docu-
menta, collegit Christianus Lassen. Vol. 1, Fasc. 1.
Bonnœ, 1832, in-4, br.
    Seule partie publiée.

28. OEuvres philosophiques de Bacon, publiées par
Bouillet. *Paris*, 1835, 3 vol. in-8, br.

29. Charron. De la Sagesse. *Paris, Lefèvre*, 1836,
in-8, br.

30. Histoire des Sept Sages, par de Larrey. *Lahaye*,
1734, 2 vol. in-12, v. f. fil, tr. dor. == Traité élémentaire de morale et du bonheur, (par de Ray-
mondis). *Lyon*, 1784, in-12, v. f.

31. Éléments de logique de Pierre du Moulin. *Paris*,
1631, petit in-18, bas.

32. Kant. Logique, trad. par J. Tissot. *Paris, Ladrange*, in-8, br. == Principes métaphysiques du
droit, trad. par Tissot. *Paris, Ladrange*, 1837,
in-8, br.

33. Examen sur le sentiment du sublime et du beau
de Kant, par Keratry. *Paris*, 1823, in-8, d.-rel.
== Massias, Traité de philosophie. *Paris, Didot*,
1830, in-8, br.

34. **V. Cousin**. Fragments et nouveaux fragments philosophiques. === Cours de philosophie, etc., *Paris*, 1829-41, 7 vol. in-8, br.

35. **J. Tissot**. Anthropologie spéculative. === Cours de philosophie. ===Ethique, ou science des mœurs. *Paris, Ladrange*, 1840-43, **6** vol. in-8, br.

36. **Damiron**. Essai sur l'histoire de la philosophie en France au xix° siècle. *Paris*, 1828, 2 vol. in-8, br.

37. **Charma**. Leçons de philosophie sociale. *Paris*, 1838. === Manuel de philosophie de Mathiæ, tr. par Perret, 1837. === Pensées de Platon, tr. par Victor Leclerc. *Paris*, 1824, etc., 12 vol. in-8, br. et rel.

38. **Doctrine philosophique**, par Gatien-Arnoult. *Paris*, 1835, 2 vol. in-8, d.-rel.

39. **De la Vertu**, par Sylvain Maréchal. *Paris*, 1807, in-8, d.-rel.

40. **De la philosophie de la nature** (par Delisle de la Sales). *Londres*, 1789, 7 vol. in-8, v. tr. dor.

41. **Correspondance philosophique et religieuse** (par Enfantin). *Paris*, 1847, gr. in-8, br.

42. **La philosophie des sciences**, par Alliot. *Paris*, 1833, 2 vol. in-8, br.

43. **Thesaurus politicorum aphorismorum**, auctore Joanne a Chokier. *Romæ*, 1611, in-4., d.-rel.

44. **Tullii Ciceronis de republica quæ supersunt**, edente Maio. *Romæ*, 1822, in-4, br.
   Tiré in-fol.

45. **Considérations politiques sur les coups d'État**, par G. Nandé, 1712, in-12, v. br.

46. **Alexis de Tocqueville**. De la démocratie en Amérique. *Paris, Gosselin*, 1840, 2 vol. in-12 br.

47. **Sieyès**. Qu'est-ce que le tiers-état ? *Paris*, 1822. === Daunou. Essai sur les garanties individuelles, 1822, 2 part. en 1 vol. in-8., cart.

48. Regnault. Cours de chimie. *Paris, Masson*, 3 vol.
in-12, br. == Sacc, chimie agricole, in-12, br.
== Johnston's agricultural chemistry. *New York*,
1844, in-12, cart.

49. Fresenius. Lehrbuch der Chemie für Landwirthe.
Braunschweig, 1847, 3 t. en 2 vol. in-8, br., fig.

50. Rural chemistry, by Solly. *London*, 1846, in-12,
cart. == Agricultural physiology, by Lindby Kemp.
Edinburgh, 1850, in-12, cart.

51. Minéralogie homérique, par Millin. *Paris*, 1816,
in-8, br.

52. Sinclair. The code of agriculture. *London*, 1821,
in-8, d.-rel.

53. The application of geology to agriculture, by
Whitley. *London*, 1843, in-8, cart.

54. The implements of agriculture, by Allen Ransome.
London, 1843, in-8, cart.

55. The Muck Manual, a treatise on the value of manures, by Falkner. *London*, 1843, in-12. == Han-
nam. The economy of waste manures. *London*,
1844, in-12, etc., ensemble 4 vol. in-12, cart., fig.

56. Elements of agricultural chemistry, by sir Hum-
phry Davy, *London*, 1846, in-8, cart.

57. Chemistry in its applications to agriculture, by
Liebig. *New-York*, 1847, in-12, cart.

58. Johnston. Lectures on agricultural chemistry and
geology. *Edinburgh*, 1847, gr. in-8, cart.

59. The farmer's friend. *London*, 1847, pet. in-8,
cart.

60. Johnston. Contributions to scientific agriculture.
Edinburgh, 1849, in-8, cart. == Experimental agri-
culture, 1849, in-8, cart. == On the fertilizers.
London, 1851, in-8, cart.

61. The farmers' almanac and calendar for 1847-

56, by Johnson and Shaw. 9 vol. pet. in-8, br., figures.

62. D'Hervey Saint-Denys. Recherches sur l'agriculture et l'horticulture des Chinois. *Paris,* 1850, in-8, br.

63. The dictionary of the farm, by Rham. *London,* 1853, in-8, cart., fig.

64. The journal of the Royal Agriculture Society of England. *London, Murray, w. y.* 17 numéros in-8, br., fig.

65. The journal of Agriculture. *Edinburgh, Blackwood, w. y.* 12 numéros in-8, br.

66. Remarks on the presents state of the Husbandry and Commerce of Bengal. (by Colebrooke). *Calcutta,* 1795, in-4, cuir de Russie.

67. Introduction à l'atlas ethnographique du globe par Balbi. *Paris,* 1826, in-8, br.

68. Indigenous races of the earth, or New chapters of ethnological enquiry; by Nolt and Gliddon. *London,* 1857, in-8, br. fig. coloriées.
(Exemplaire en grand papier.)

69. S. Q. Morton. Crania Americana, or a comparative view of the skulls of various aboriginal nations of America. *Philadelphia,* 1839, in-fol., cart., 78 pl.
(Très-bel ouvrage.)

70. Appendix to report of the committee on scientific inquiries on the epidemic of cholera. *London,* 1855, in-8, br. 27 pl. coloriées.

71. Composition mathématique de Claude Ptolémée, traduite par Halma. *Paris,* 1813, in-4, br.

72. Examen des monuments astronomiques des anciens, par l'abbé Halma. *Paris,* 1830, in-8, br.

73. Prolégomènes des tables astronomiques d'Oloug-Beg, publiés par Sédillot. *Paris,* 1847, gr. in-8, br.

74. Scientia eclipsium ex imperio sinarum illustrata. *Romœ*, 1747, in-4, d.-rel. mar. r., 17 pl.

75. Astronomie solaire d'Hipparque, soumise à une critique rigoureuse, par Marcoz. *Paris. De Bure*, 1828, in-8, cart.

76. Art de la guerre, par de Puységur, 1748, in-fol., v., fig.

77. Artillerie, ou Vraie instruction de l'artillerie et de ses appartenances, par Diego Ufano. *Rouen*, 1628, in-fol., d.-rel., fig.

78. Il museo Capitolino illustrato da Bottari e Fog-gini. *Milano*, 1820, in-fol. *Tome Ier avec* 90 *planches*.

79. Peintures de Polygnote à Delphes, dessinées et gravées, d'après la description de Pausanias, par Riepenhausen. *Rome*, 1826, gr. in-fol., cart., 20 pl.

80. Periclès. De l'influence des beaux-arts sur la féli-cité publique, par Ch. d'Alberg. *Parme, Bodoni*, 1811, in-4, cart., n. rel.

81. Les musées d'Espagne, etc., par L. Viardot. *Paris, Paulin*, 1843, in-12, br.

82. Recherches sur l'époque de l'équitation chez les anciens, par Fabricy. *Marseille*, 1764, 2 vol. in-12, br.

LITTÉRATURE.

83. Klaproth. Principes de l'étude comparative des langues, par le baron de Mérian, suivis d'obser-vations sur les racines des langues sémitiques, par Klaproth. *Paris*, 1828, in-8, br.

84. Recherches curieuses sur la diversité des langues et religions, par Brerewood. *Paris*, 1640, pet. in-8, cart.

85. Vocabulaire hébreu-français par l'abbé Giraud. *Vilna,* 1825, in-12, d.-rel.

86. Michælis. Grammatica Syriaca. *Halæ,* 1784, in-4, cart. = Ziegenbalg. Grammatica Damulica. *Halæ,* 1716, in-4, br. = Fedor Possart. Grammatik der Persischen Sprache. *Leipzig,* 1831, in-8, br.

87. Gregorii Bar Hebræi grammatica linguæ Syriacæ. *Gottingæ,* 1843, in-8, br. = Psalterium Syriacum recensuit Erpenius. *Halæ,* 1668, in-8, d.-rel.

88. Erpenius. Grammatica Arabica. *Lugd. Bat.,* 1767, in-8, rel. = Hirtius, Institutiones Arabicæ linguæ. *Jenæ,* 1770, in-12, br.

89. Arabisches Elementar und Lese-Buch, mit einem vollstændigen Wortregister, von E. F. K. Rosenmüller. *Leipzig,* 1799, in-8, d.-rel.

90. Grammaire arabe de Savary, en latin et en français. *Paris,* 1813, in-4, d.-rel.

91. Recherches sur la langue et la littérature de l'Égypte, par Et. Quatremère. *Paris,* 1808, in-8, br.

92. Thoth, oder die Wissenschaften der alten Aegypter von Max Uhlemann. *Gœttingen,* 1855, in-8, br. = Benfey. Aegyptischen Sprache. *Leipzig,* 1844, in-8, br.

93. Grammatica linguæ Persicæ, autore Francisco de Dombay. *Vindobonæ,* 1804, in-4, d.-rel.

94. J. A. Vullers. Institutiones linguæ persicæ, cum sanscrità et zendica lingua comparatæ, Pars prima. *Gissæ,* 1840, in-8, br.

95. The Persian Moonshee, by Francis Gladwin. 3th. ed. *Calcutta,* 1800. 3 tomes en 1 vol. in-4, bas.

96. Recherches sur les dialectes persans, par Berésine. *Casan,* 1853, gr. in-8, br.

97. Manuel pratique de la langue chinoise vulgaire, par Louis Rochet. *Paris,* 1846, in-8, br.

98. *Han tse sy y.* Dictionnaire chinois-latin, in-fol. cart.

Manuscrit de plus de deux cents pages provenant de M. de Guignes.

99. Systema phoneticum Scripturæ Sinicæ, auctore J. M. Calleri, missionario apostolico in Sinis. *Macao,* 1841, 2 vol. in-8, br.

100. Versuch über die Tatarischen Sprachen, von Wilhelm Schott. *Berlin,* 1826, in-4, br.

101. Pott. Etymologische Forschungen auf dem Gebiete der Indo-Germanischen Sprachen. *Lemgo,* 1833, 2 tomes en 1 vol. in-8, d.-rel.

102. Sanctii Minerva, cum notis Perizonii. *Amstelo-dami,* 1809, in-8, v. = Erasmi de recta pronuntiatione dialogus, ed. Siedhoff. *Potsdami,* 1832, in-8, br.

103. Cours de langues latine et française, par Lemare. *Paris,* 1818, 3 vol. in-8, bas.

104. Dictionnaire de l'Académie française. *Paris,* 1694, 2 vol. in-fol., v.

1ʳᵉ Édition.

105. Dictionnaire universel français-latin, dit de Trévoux. *Paris,* 1743, 6 vol. = Supplément 1752, 1 vol. = Ensemble 7 vol. in-fol., v. f., fil, tr. dor.

Bel exemplaire.

106. Dictionnaire grammatical de la langue française, par Vanier. *Paris,* 1836, in-8, br.

107. Grammaire nationale, par Bescherelle. *Paris,* 1840, gr. in-8, cart.

108. Nodier. Examen critique des dictionnaires de la langue française. *Paris, Delangle,* 1828. = Questions de littérature légale. *Paris, Crapelet,* 1828, 2 part. en 1 vol. in-8, v. fil.

109. Benjamin Lafaye. Synonymes français. *Paris, Hachette,* 1841, in-8, br.

110. Mary Lafon. Tableau historique et littéraire de

la langue parlée dans le midi de la France. *Paris,*
1842, in-12, br.

111. Spiers. Dictionnaire anglais-français. *Paris ,
Baudry,* 1846, gr. in-8, cart.

112. Nouveau dictionnaire allemand-français, par
Hermann. *Paris,* 1850, gr. in-8, d.-rel.

113. Gramatica de la lengua castellana, compuesta
por la real Academia española. *Madrid, Ibarra,*
1772, pet. in-8, vél.

Seconde édition.

114. Arte de la lengua moxa, con su vocabulario y
cathecismo, compuesto por el R. P. P. Pedro Mar-
ban. *Lima,* 1701, pet. in-8, parch.

Rare.

115. L'art de la rhétorique, par Aristote, trad. avec
le texte en regard, par Mynoïde Mynas. *Paris,*
1837, in-8, br.

116. Longini quæ supersunt, gr. ed. Egger. *Paris,*
1837, in-18, br. == Varronis quæ supersunt, ed.
Egger. *Lipsiæ,* 1837, in-18, br.

117. Oratorum Romanorum fragmenta collegit
Meyerus. *Parisiis,* 1837, gr. in-8, br.

118. Essai sur Démosthènes et son éloquence, par
Ch. Dupin. *Paris,* 1814, in-8, br.

119. Ewald. de Metris carminum arabicorum.
Brunsvigæ, 1825, in-8, br. == P. de Bohlen, com-
mentatio de Mottenabio, ejusque carminibus.
Bonnæ, 1824, in-8, br.

120. *Specimen poeseos persicæ,* sive Muhamedis
Scheins-eddin notioris agnomine Haphyzi, Ghaze-
læ, sive Odæ sexdecim ex initio Divani. de-
promptæ, nunc primum latinitate donatæ, cum
paraphrasi item ac notis. *Vindobonæ,* 1771, in-8,
d.-rel., n. rogn.

Ouvrage rare et recherché.

121. Hafez. Select Odes, selected by J. Note. *London,*

1787, in-4, br. = Hafez. Odes, translated by Richardson. *London,* 1802, in-4, cart. = Flowers of the East, by Pocock. *London,* 1833, in-12, cart.

122. Auswahl aus den Divanen, von Vincenz von Rosenzweig. *Wien,* 1838, in-fol., cart. *Texte persan en regard.*

123. Bhâgavata Purâna, ou Histoire poétique de Krichna, tr. par Burnouf, in-4, br.
     Tirage à part de la préface du tome 3.

124. Harethi Moallaca et Abulolæ carmina duo inedita, arabicè et latinè, edidit Vullers. *Bonnæ,* 1827, in-4, br.

125. The Ramayuna of Valmeki, translated from the original Sangskrit, by W. Carey and J. Marshman, (vol. 1, containing the first book). *London,* 1808, in-8, v.

126. Homère, trad. par le prince Lebrun. *Paris,* 1841, in-12, br.

127. A fragment of an ode of Sappho, from Longinus, edited by Egerton. *Eberhart,* 1815, in-8, cart.

128. Chants populaires de la Grèce moderne, avec le texte en regard, recueillis et publiés par Fauriel. *Paris,* 1824, 2 vol. in-8, v. m. fil. *(Rare).*

129. Lucrèce, tr. en français, par de Pongerville. *Paris,* 1828, 2 vol. in-8, br.

130. Recueil de l'origine de la langue et poésie françoise, ryme et romans, par Cl. Fauchet. *Paris,* 1581, in-4., vél., v. *piqué.*

131. Alfred de Vigny. Poëmes. *Paris, Gosselin,* 1829, in-8, br. = Eloa, poëme, in-8, br. = Héléna, poëme. *Paris,* 1822, in-12, br.
     En tête de ce dernier volume se trouvent ces lignes autographes : *Poëme offert à Constantin Négris, en* 1826. *Il fut inspiré en* 1822, *par l'héroïsme des Hellènes. La date de ces vers est leur unique mérite.* — ALFRED DE VIGNY.

132. Lord Byron, par madame Louise Belloc. *Paris, Renouard,* 1824, 2 vol. in-8, br. = OEuvres de

lord Byron, tr. en français. *Paris,* 1831, 11 vol. in-8, br.

133. The Works of Thomas Moore. *Leipzig,* 1826, gr. in-8, cart.

134. The poetical Works of Coleridge, Rob. Southey, and Wordsworth. *Paris, Galignani,* 1829, 3 vol. gr. in-8, d.-rel.

135. Select specimens of the Theatre of the Hindus, translated from the original Sanscrit, by Wilson, *Calcutta,* 1827, 3 vol. in-8, cart., n. r.

136. Monuments littéraires de l'Inde, par Langlois. *Paris,* 1827, in-8, br. == Malatimadhavæ fabulæ Bhavabhutis actus primus, ex recensione Lasseni. *Bonnæ,* 1832, in-8, br.

137. Urwasi, der Preis der Tapferkeit, ein drama Kalidasa's in fünf Akten, übersetzt und erlautert von Bollensen. *Saint-Pétersbourg,* 1846, gr. in-8, br.

138. L'Orphelin de la Chine, trad. du chinois, par Stanislas Julien. *Paris,* 1834, in-8, br.

139. Eschyle, tr. par Pierron. *Paris, Charpentier,* 1841, in-12, br. ==Sophocle, tr. par Artaud, 1841, in-12, br. == Aristophane, tr. par Artaud, 1841, in-12, br.

140. OEuvres de Quinault. *Paris, Didot,* 1811, 2 vol. in-12, cart., n. r.

141. Chefs-d'œuvre de Shakspeare, tr. par Bruguières, revus par Chênedollé. *Paris,* 1826, 2 vol. in-8, pap. vél., br.

142. Longus. Daphnis et Chloé, tr. par Amyot, édit. revue par Courier. *Paris,* 1821, in-8, br.

143. Recueil de contes (par Mirabeau). *Londres,* 1780, in-8, v. m., fig.

144. The Anvar-i Suhailé, being the Persian version of the Fables of Pilpay, translated by Eastwick. *Hertford,* 1854, gr. in-8, cart.

145. Fables de Loqman, arabe et français avec un
vocabulaire, par Charles Schier. *Dresde,* 1831, gr.
in-8, br.

146. Fables inédites des xiiᵉ et xivᵉ siècles et Fables
de La Fontaine, précédées d'une Notice sur les fabu-
listes, par Robert. *Paris,* 1825, 2 vol. in-8, br.

147. The Thousand and one nights translated from
the Arabic, by W. Lane. *London,* 1839, 3 vol. in-8,
cart., fig. sur bois, d'après Harvey.
  Très-belle édition.

148. Tahcin-Uddin. Les aventuriers de Kamrup, trad.
par Garcin de Tassy. *Paris,* 1834, in-8, br.

149. Le Trône enchanté, conte indien, tr. du persan,
par Lescallier. *New-York,* 1817, in-8, br. == Neh-
Manzer, ou les Neuf-Loges, conte, tr. du persan,
par Lescallier. *Gênes,* 1808, in-8, br. == Baktiar-
Nameh, ou le Favori de la fortune. *Paris,* 1805,
in-8, br.

150. Fables et contes indiens, tr. par Langles. *Paris,*
1790, 2 vol. in-12, gr. pap. br.

151. Chrestomathia Chaldaica, edidit Marcel. *Parisiis,* 1803, in-8, cart.

152. Sanskrit Chrestomathie, von Otto Bohtling.
Saint-Pétersbourg, 1845, in-8, br.

153. Rosenmuller. Analecta arabica. *Lipsiœ,* 1825,
in-4, br. == Carlyle. Specimen of Arabian poetry.
London, 1810, in-8, cart. == Selecta ex historia
Halebi edidit Freytag. *Lutetiœ,* 1819, in-8, br.

154. Scriptorum veterum nova collectio ab Angelo
Maio edita, tomus II. *Romœ,* 1827, in-4, br.
  Ce vol. renferme des fragments d'historiens grecs.

155. OEuvres complètes de l'empereur Julien, trad.
par Tourlet. *Paris,* 1821, 3 vol. in-8, br.

156. Collection Charpentier, 36 vol. in-12, br.
  Bossuet. OEuvres philosophiques. — Kasimirski. — Le Coran.
  — Gœthe. — Guizot. — M. de Stael, etc.

157. Œuvres de Fréret, publ. par Champollion Figeac. *Paris*, 1825, in-8, br.

> Tome 1er, le seul publié.

158. Œuvres de Dumarsais. *Paris*, 1797, 7 vol. in-8, bas.

159. Œuvres de Lanjuinais. *Paris*, 1832, 4 vol. in-8, br.

160. Schiller's sammtliche Werke. *Stuttgart*, 1834, gr. in-8, cart.

161. Noël. Leçons allemandes de littérature, trad. en français. *Haguenau*, 1828, 2 vol. in-8, br. == Leçons de philosophie morale, 1834, in-8, br.

162. Lettres de Marc-Aurèle et de Fronton, tr. par Cassan. *Paris*, 1835, 2 vol. in-8, br.

163. Lucæ Holstenii epistolæ ad diversos, quas collegit Boissonnade. *Parisiis*, 1848, in-8, d.-rel.

HISTOIRE.

Introduction, géographie et voyages.

164. Vico. Principes de la philosophie de l'histoire, trad. par Michelet. *Paris*, 1827, in-8, br.

165. Idées sur la philosophie de l'histoire de l'humanité, par Herder, traduit par Edgar Quinet. *Paris*, 1827, 3 vol. in-8, br.

166. Buchez. Introduction à la science de l'histoire Paris, *Paulin*, 1833, in-8, br.

167. Bouillet. Dictionnaire d'histoire et de géographie. *Paris, Hachette*, 1845, gr. in-8, cart.

168. Leçons d'histoire générale par Gandeau. *Paris*, 1839, 3 vol. in-8, d.-rel., fig.

169. Le théâtre du monde, ou nouvel atlas contenant les chartes et descriptions de tous les pays de

la terre, mis en lumière par G. et J. Blaeu. *Amsterdam, 1649, 6 vol. gr. in-fol. vél. Titres, cartes et armoiries coloriées.*
(Très-bel exemplaire.)

170. Forbiger. Handbuch der alten Geographie. *Leipzig, 1842, 2 vol. grand in-8, d.-rel.*

171. Recherches sur la géographie des anciens, par Gosselin. *Paris, an VI, 2 tom. en 1 vol. in-4, v.* cartes.

172. Fragments des poëmes géographiques de Scymnus de Chio et du faux Dicearque, tr. par Letronne. *Paris, 1841, in-8, br.*

173. Recherches sur le livre : De mensura Orbis, par Dicuil, suivies du texte restitué, par Letronne. *Paris, 1814, in-8, br.*

174. Edrisi Africa, curavit Johannes Meleh. Hartmann. *Gottinguæ, 1806, in-8, br.*

175. Ritter. Géographie de l'Afrique trad. de l'allemand. *Paris, Paulin, 1855, 3 vol. in-8, br.*

176. D'Anville. Mémoire sur l'Égypte ancienne et moderne. *Paris, 1766, in-4, v.* carte. = Eclaircissements géographiques sur la carte de l'Inde. *Paris, 1853, in-4, v.*

177. Atlas historique des États européens, par Kruse. *Paris, Hachette, 1836, in-fol., cart.*

178. The Geographical works of Sadik Isfahani. *London, 1832, in-8, cart.*

179. A. Geographical memoir of the Persian empire by Macdonald Kinneer. *London, 1813, in-4, d.-rel.*

180. Forster. The historical geography of Arabia. *London, 1844, 2 vol. in-8, cart.*

181. The Journal of the Royal Geographical Society of London. *London, 1839-42, 4 vol. cart.*

182. Mémoires de la société de Géographie. *Paris, Éverat, 1824, Tomes 1, 2, 1re partie et 4, in-4, br.*
(Voyages de Marco Paulo, Plan Carpin, etc.)

183. Mémoire sur la collection des grands et petits voyages, par Camus. *Paris, 1802, in-4, cart.*

184. Description de l'Arabie, par Niebuhr. *Copenhague, 1773, in-4, bas. fig.*

185. Legatio Batavica ad magnum Tartariæ Chamum modernum Sinæ imperatorem, etc., per Joannem Nieuhovium. *Amstelodami, 1668, in-fol. bas.*

186. Voyage de l'ambassade de la Compagnie des Indes orientales en Chine, par Van Braam Houckeest, publié par Moreau de Saint-Méry. *Paris, 1798, 2 vol. in-8, bas.*

187. Voyage dans l'intérieur de la Chine, par lord Macartney, tr. par Castera. *Paris, 1799, 5 vol. in-8, bas.*

188. Journal of proceedings of the late Embassy to China; by Henry Ellis, third commissionner of the Embassy of lord Amherst. *London, 1817, in-4, avec cartes et planches.*

189. Huc. A journey through the Chinese empire. *New-York, 1855, 2 vol. pet. in-8, cart.* = Milne, Life in China. *London, 1857, in-12, cart.*

190. Voyages de Bernier au Mogol. *Paris, 1830, 2 vol. in-8, br.* = Voyages de Benjamin de Tudelle, etc. *Paris, 1830, in-8, br.*

191. Journal d'un voyage dans la Perse (par Gardanne). *Marseille, 1809, in-8, br.* = Didot. Notes d'un voyage dans le Levant. *Paris, s. d. in-8, d.-rel.*

192. Lettres sur le Caucase et la Géorgie, suivies d'une relation d'un voyage en Perse. *Hambourg, 1816, in-8, br.* = Voyage en Circassie, par Taitbout de Marigny. *Odessa, 1836, in-8, br.*

193. A second journey through Persia, Armenia and Asia Minor, by. Morier. *London, 1818, in-4, cart., fig.*

194. VOYAGE EN PERSE de MM. Eug. Flandin, peintre, et Pasc. Coste, architecte, pendant les années 1840 et 1841. *Les 55 premières livraisons, gr. in-fol. colombier sur papier de Chine;* exemplaire de choix. == Relation du voyage. *Paris, Baudry,* 1851, 2 vol. in-8, d.-rel.

195. Rich. Voyage aux ruines de Babylone. *Paris,* 1818, in-8, br., fig. et cartes.

196. Relations de l'ambassade anglaise à Ava, par Symes, tr. par Castéra. *Paris,* 1800, 3 vol. in-8 et atlas.

197. Journal of an Embassy to the Court of *Ava,* in the year 1827, by John Crawfurd. *London,* 1829, in-4, cart. planches.

198. Finlayson. Mission to Siam and Hué. *London, Murray,* 1826, in-8, cart., fig.

199. Kinneir. Voyage dans l'Arménie et le Kourdistan. *Paris,* 1818, 2 vol. in-8, d.-rel. == Voyage en Perse. *Paris, Dentu,* 1819, 2 vol. in-8, d.-rel. == Voyage en Arménie et en Perse, par Am. Jaubert. *Paris,* 1821, in-8, d.-rel., fig.

200. Mouravieff. Viaggio per la Tauride, fatto nel 1820. *Napoli,* 1833. in-8, br., cartes.

201. Pouqueville. Voyage dans la Grèce. *Paris,* Didot, 1820, 5 vol. in-8, d.-rel.

202. Mungo Park. Travels in the interior districts of Africa. *London w. y.,* in-8, cart.

203. Voyage en Angleterre et en Écosse, par Amédée Pichot. *Paris,* 1826, 3 vol in-12, d.-rel.

204. Narrative of the united states exploring expedition, during the years, 1838-42, by Wilkes. *Philadelphia,* 1849, 5 vol. in-8, v. *Nombreuses figures.*

Chronologie, histoire universelle et hist. des religions.

205. Petavii doctrina temporum. *Venetiis,* 1757, 3 vol. in-fol., br.

206. Chronologie de l'Histoire Sainte, par Des Vignoles. *Berlin,* 1738, 2 vol. in-4, v., br.

207. Marshami canon chronicus. *Franequerœ,* 1696, in-4. v., br.

208. Traité de la chronologie chinoise, composé par le P. Gaubil et publié par S. de Sacy. *Paris,* 1814. in-4., d.-rel., mar. r.

209. Traité de la chronologie chinoise, par Silvestre de Sacy. *Paris,* 1814, in-4., cart.

210. Die Chronologie der Ægypter bearbeitet von Richard Lepsius. *Berlin,* 1849, in-fol., cart. Tom. *I*ᵉʳ, *le seul publié.*

211. Mores, leges et ritus omnium gentium, à J. Bœmo. *Parisiis, de Marnef,* 1561, in-12, v.
Ce volume a appartenu à Arnauld d'Andilly et à l'abbé Goujet, dont les signatures se trouvent en tête et à la fin du volume.

212. Tytler's. Elements of general history. = Gibbon. Decline and fall of the roman empire. = Robertson's history of America. = History of Charles V. *London, w. y.,* 4 vol. in-18, cart.

213. Les Etats, empires et principautez du monde, representez par la description des pays, mœurs des habitants, richesses des provinces, les forces, le gouvernement, la religion et les princes qui ont gouverné chacun Estat, avec l'origine de toutes les religions et de tous les chevaliers et ordres militaires, par le Sʳ D. T. V. Y. (Davity). *Paris, chez Nicolas Fossé,* 1615, in-4., titre gravé, mar. r., fil, tr. dor., réglé (*ancien. rel.*).
Très-bel exemplaire.

214. Danielo. Histoire et tableau de l'univers. *Paris,* 1838, 4 vol. in-8., br.

215. Univers pittoresque. *Paris, Didot,* 1838, *et ann. suiv.* 29 vol. in-8., br., fig.
Allemagne, Grèce, Italie, Angleterre, France, tomes 1 à 9.

216. Essai sur les noms d'homme, par Eusèbe Salverte. *Paris,* 1824, 2 vol. in-8., br.

217. Histoire du monde, par Henri et Charles de
Riancey. *Paris*, 1838-40, 4 vol. in-8., br.

218. Eutychii Alexandrini, Ecclesiæ suæ origines.
Londini, 1642, in-4., v. = Hohlenberg, De origi-
nibus ecclesiæ christianæ in India orientali.
Havniæ, 1822, in-12, br.

219. De catholicis seu patriarchis Chaldæorum et
Nestorianorum commentarius historico-chronolo-
gicus, auctore J. A. Assemano. *Romæ*, 1775,
in-4., br.

220. Leonis Allatii de ecclesiæ occidentalis et orien-
talis perpetuâ consensione. *Coloniæ Agrippinæ*,
1648, in-4, parch.

221. Salvador. Histoire des institutions de Moïse et
du peuple hébreu. *Paris*, 1828, 3 vol. in-8, br.

222. Æloïm, ou les dieux de Moïse, par Lacour.
Bordeaux, 1839, 2 vol. in-8, br.

223. La porte ouverte à la connaissance du paga-
nisme caché, par Abr. Roger. *Amst.*, 1670, in-4, v.

224. Smith. The gentile nations, or the history and
religion of the ancients. *London, Longmann*, 1853,
2 vol. in-8, cart., n. r.

Histoire ancienne.

225. Fourmont. Réflexions critiques sur les histoires
des anciens peuples. *Paris*, 1735, 2 vol. in-4.
= Pezron. L'antiquité des temps rétablie et dé-
fendue. *Paris*, 1687, in-4, v., br.

226. Schlosser. Histoire universelle de l'antiquité,
tr. par de Golbéry. *Paris*, 1828, 3 vol. in-8,
d.-rel. = Niebuhr. Histoire romaine, trad. par
de Golbéry. *Paris*, 1830, 2 vol. in-8, d.-rel.

227. De l'origine des lois, des arts et des sciences,
par Goguet. *Paris*, 1820, 3 vol. in-8, br.

228. Ch. Lenormand. Cours d'histoire ancienne.
Paris, 1837, in-8, br.

229. Duncker. Geschichte des Alterthum. *Berlin*, 1855, 3 vol. in-8, br.

230. Perizonii origines babylonicæ et ægyptiacæ. *Ludg.-Bat.* 1711, 2 vol. in-12, vél.

231. Recherches pour servir à l'histoire de l'Égypte, par Letronne. *Paris*, 1823, in-8, br.

232. Scharpes Geschichte Égyptens. *Leipzig*, 1857, 2 vol. in-8, br.

233. Campomanes. Antiguedad maritima de la republica de Cartago. *En Madrid*, 1756, in-4, br., fig.

234. Histoire d'Assyrie (par Delisle de Salles). *Paris*, 1780, 2 tomes en 1 vol. in-8, d.-rel.

235. Nineveh and Persepolis, an historial Sketch of ancient Assyria and Persia, etc., by W. S. W. Vaux. *London*, 1850, in-12, cart. fig.

236. Kruger, Geschichte der assyrier und Iranier. *Francfurt*, 1856, in-8, br. = Indiens alte geschichte, von Kruse. *Leipzig*, 1856, in-8, br.

237. Œuvres compl. de Xénophon, trad. en français. *Paris, Lefèvre*, 1842, 2 vol. in-12, br. = Histoire de Thucydide, tr. par Levesque. *Paris, Charpentier*, 1840, in-12, br.

238. Histoire des origines de la Grèce ancienne, par Connop Thirwald, tr. par Ad. Joanne. *Paris, Paulin*, 1852, in-8, br.

239. Droysen. Geschichte Alexanders des Grossen. *Berlin*, 1833, 2 vol. in-8, br.

240. Dionis Cassii Romanarum historiarum libri, gr. et lat. *Parisiis, Stephanus*, 1591, in-fol., v.

241. Eutropii breviarium historiæ romanæ, recensuit Verheyk. *Lugd.-Bat.*, 1793, in-8, cart. = Justini historiæ philippicæ, instruxit Duebner. *Lipsiæ*, 1831, in-8, br., etc., 8 vol. in-8, rel. et br.

242. Fortia. Tableau chronologique des événements

rapportés par Tacite. *Paris*, 1827, in-8, v. bl.

243. Zonaræ annales, gr. et lat. *Parisiis, typ. Regia,* 1686, 2 vol. in-fol., gr. pap. v. == Const. Manassis historiæ, gr. et lat. *Parisiis,* 1655, in-fol., gr. pap. v., br.

244. Pinkerton. Recherches sur l'origine des divers établissements des Scythes et des Goths. *Paris,* 1804, in-8, d.-rel.

Histoire moderne.

245. Précis historique de l'ancienne Gaule, par Berlier. 1822, in-8, br.

246. Patria. La France ancienne et moderne. *Paris,* 1847, 2 part., in-12, cart., fig.

247. Guizot. Essais sur l'histoire de France. *Paris,* 1823, in-8, br. == Des moyens de gouvernement, 1821, in-8, rel.

248. Aug. Tierry. Lettres sur l'histoire de France. *Paris,* 1827, in-8, br.

249. Théoph. Lavallée. Histoire des Français. *Paris, Paulin,* 1842, 4 vol. in-12, br.

250. Histoire des expéditions maritimes des Normands, par Depping. *Paris,* 1826, 2 vol. in-8, br.

251. Victoires, conquêtes, etc., des Français. *Paris, Panckoucke,* 1821, 37 vol. in-8, d.-rel., fig.

252. Histoire de la Révolution française, par Burette et Ul. Ladet. *Paris, Gosselin,* 1843, 4 vol. in-12, br.

253. Galerie historique de la Révolution française, suivie de l'hist. dè Napoléon, par Maurin. *Paris,* 1848, 40 livraisons, gr. in-8, fig. sur acier.

254. Précis hist. des campagnes de l'armée de Rhin et Moselle, par Dedon. *Paris,* 1799, in-8, br.

255. Histoire des campagnes de 1814 et 1815, par le général de Vaudoncourt. *Paris,* 1826, 5 vol. in-8., br.

256. Mémoires sur les campagnes des armées du Rhin et du Rhin et Moselle, par le maréchal Gouvion Saint-Cyr, *Paris, Anselin*, 1829, 4 vol. in-8, br.

257. Manuel des autorités constituées de la République française. *Paris*, 1797, in-18, bas., *figures coloriées*.

258. Mémoires et documents inédits pour servir à l'histoire de la Franche-Comté, publiés par l'Académie de Besançon. *Besançon*, 1838-44, 3 vol. in-8, br.

259. Recueil des ordonnances et édits de la Franche-Comté de Bourgogne, par J. Petremand. *Dôle*, 1619, gr. in-fol., v.

260. Chiffletii Vesontio civitas. *Lugduni*, 1615, in-4, parch., *carte*.

261. Abrégé méthodique des principes héraldiques, par Ménestrier. *Lyon*, 1669, in-12, v. br.
3e Edition. Le titre gravé représente la porte du chasteau de Saint-Mauris en Maconnais.

262. Histoire d'Angleterre, par John Lingard. *Paris, Charpentier*, 1843, 6 vol. in-12, br.

263. History of the northmen, or Danes and Normans, by H. Wheaton. *London*, 1831, in-8, cart.

264. Dictionnaire géographique et historique de l'empire russe, par Vsévolojsky. *Moscou*, 1823, 2 vol. in-8, br.

265. Les forces militaires de la Russie, par le baron de Haxtausen. *Berlin*, 1853, in-8, br.

266. Histoire de la Tauride, par Stanislas de Bohusz. *Brunswich*, 1800, 2 vol. in-8, d.-rel. == Histoire des Kosaques. *Paris*, 1813, in-8, d.-rel. == Des progrès de la puissance russe (par Lesur). *Paris*, 1812, in-8, pap. vél., d.-rel., maroq.

267. Kubalski. Recherches historiques sur les peuples d'origine Slave, Magyare et Roumaine. *Paris*, 1852, 2 vol. in-8, br.

268. État général de l'empire ottoman, par Delacroix. *Paris,* 1695, 3 vol. in-12, mar., r. *(armoiries).*

269. Charte turque, ou organisation religieuse, civile et militaire de l'empire ottoman. *Paris,* 1825, 2 vol. in-8, br.

270. Bibliothèque orientale, par d'Herbelot. *Maestricht,* 1776, in-fol., v. m.

271. Zeitschrift für der Kunde des Morgenlandes. *Gottingen,* 1837, 9 part., in-8, br.

272. Monumenta antiquissimæ historiæ Arabum, edidit Eichorn. *Gothæ,* 1775, in-8, br. = Sedillot. Histoire des Arabes. *Paris,* 1854, in-12, br.

273. The life of Sheikh Mohammed Ali Hazin, translated by Belfour. *London,* 1830, in-8, cart.

274. Bokhara, its Amir and its people translated from the Russian of Khanikoff, by the baron Clement de Bode. *London,* 1845, in-8, cart.

275. Histoire des Mongols, par M. d'Hosson. Tome I en 2 parties, avec cartes. *Paris, F. Didot,* 1824, in-8, br.

276. Mohan Lal. Life of Amir Dost Mohammed Khan of Kabul. *London,* 1846, 2 vol. in.-8, cart., portr.

277. Tarisch, hoc est series regum Persiæ, authore Schikardo. 1628, in 4, vél.

278. Malcolm. Histoire de la Perse, trad. de l'anglais. *Paris,* 1821, 4 vol. in-8, d.-rel., figures et cartes.

279. Mirchondi historia Samanidarum ; persicè et lat, notis illustravit Wilken. *Gottinguæ,* 1808, in-4, br.

280. Customs and Manners of the women of Persia translated, by James Atkinson. *London,* 1832, in-8., cart., fig.

281. Kircheri China monumentis illustrata. *Amst.,* 1667, in-fol, parch., fig.

282. Johannis Koffler historica Cochinchinæ descriptio, etc., edente Ch. de Murr. *Norimbergæ,* 1803, in-8, v. éc.

283. China, British-India, and Egypt. *Edinburg,* 1836, 7 vol. in-12, cart., fig.

284. La Chine, d'après les documents chinois, par M. Pauthier. *Paris, Didot,* 1837, in-8, d.-rel.

285. L'Angleterre, la Chine et l'Inde, par Sinibaldo de Mas. *Paris,* 1857, in-8, br. == L'Insurrection en Chine, par Callery. *Paris,* 1853, in-12, br.

286. État actuel du Tunkin, de la Cochinchine, etc., par de La Bissachère. *Paris,* 1812, 2 vol. in-8, br.

287. Recherches historiques et géographiques sur l'Inde, etc., par Anquetil Duperron. *Berlin,* 1786, 2 t. en 1 vol. in-4, d.-rel., cartes et plans.

288. The East India Gazetter, by William Hamilton. *London,* 1815, in-8, cart.

289. Histoire des Indes, par Guyon. *Paris,* 1744, 3. vol. in-12, v. f. f.

290. The history of Hindostan, translated from the Persian, by Alexander Dow. *London,* 1803, 3 vol. in-8, cart.

291. Histoire de l'Inde ancienne et moderne, par de Marlès. *Paris,* 1828, 6 vol. in-8, br.

292. Gentil. Mémoires sur l'Indoustan. *Paris,* 1822, in-8, br. fig.

293. Prinsep's useful Tables, parts 1 et 2. *Calcutta,* 1834-36, 2 p., in-8, br.

Part. 1. *Coins, weights, and measures* of British India. — Part. 2. *Chronological and genealogical Tables of ancient and modern India,* etc.

294. Lassen. Indische Alterthumskunde. *Bonn.,* 1843-58, 3 tomes en 6 part., in-8, br.

295. Weber. Indische Studien. *Berlin,* 1850-51. 2 vol. in-8, rel. et br.

296. Raike. Notes on the N. W. provinces of India. *London,* 1852, in-8, cart. == Postans. Personal

observations on Sindh. *London,* 1843, in-8, cart.

297. Narrativæ of the Burmese War, by major Snodgrass. *London,* 1827, in-8, cart., fig.

298. Ali Khan Kirmani. The history of the reign of Tipo, Sultan, translated from a persian manuscript, by Col. Miles. *London,* 1854, in-4, cart.

299. Jobi Ludolfi historia Æthiopica. *Franc. ad Mœn.* 1681, in-fol., v. br. = Jobi Ludolfi ad suam historiam commentarius. *Franc. ad Mœnum,* 1691, in-fol., v. br.

300. Horæ Ægyptiacæ or the chronology of ancient Egypt, by Reginald Stuart Poole. *London,* 1851, in-8, cart., 7 *planches.*

301. Ed. Gouin. L'Égypte au XIXe siècle. *Paris,* 1847, gr. in-8, br., fig.

302. Histoire philosophique et politique des établissements des européens dans les deux Indes (par Raynal). *La Haye,* 1774, 7 vol. = Etat du Bengale, par Demeunier. *La Haye,* 1775, 2 t. en 1 vol. = Ensemble 8 vol. in-8, mar. r. (*ancien. rel.*).

303. Gomara. Historia de las conquistas de Fernando Cortès, publicala Carlo de Bustamante. *Mexico,* 1826, 2 vol., pet. in-4, bas.

304. L'Europe et l'Amérique ou les rapports futurs du monde civilisé, par de Schmidt-Phiseldeck. *Copenhague,* 1820, in-8, br.

305. Al. de Humboldt. Essai politique sur le royaume de la nouvelle Espagne. *Paris, Renouard,* 1827, 4 vol. in-8, br.

306. Humboldt. Vues des Cordillères et monuments des peuples indigènes de l'Amérique. *Paris,* 1816, 2 vol. in-8, br., fig. noires et coloriées.
Ouvrage devenu rare.

Antiquités.

307. Girault Duvivier. Encyclopédie élémentaire de l'antiquité. *Paris,* 1830, 4 vol. in-8, br.

308. Delmas. Mémoires sur le Zodiaque, 1823, in-8, d.-rel. = Halma. Supplément à l'explication du Zodiaque. *Paris,* 1822, in-8, br. = Dupuis. Mémoire sur le Zodiaque, 1806, in-4, br.

309. Arcana arcanissima, hoc est hieroglyphica Ægyptio-Græca, authore Michaele Maiero. *S. l. et a.,* in-4, vélin, titre gravé.

310. Salvolini. Traduction de l'obélisque égyptien de Paris. 1837, in-4, br. = Campagne de Rhamsès le Grand, manuscrit hiératique égyptien. *Paris,* 1835, in-8, br. = Reuvens. Lettres sur les papyrus bilingues du musée de Leyde. *Leide,* 1830, in-4, br.

311. Holtzmann. Beitrage zur erklarung der Persischen Keilinschriften. *Carlsruhe,* 1845, in-8, br. = Stern. Die dritte Gattung der Achæmenischen Keilinschriften. *Gottingen,* 1850, in-8, br.

312. Grotefend. Die Tributverzeichnisse des obelischen aus Nimrud. *Gottingen,* 1852, in-4, br., fig. = Erlaütering einer inschrift des letzten Assyrisch Babylonischen konigs aus Nimrud. *Hanover,* 1853, in-4, br. = Bemerkungen zur inschift eines Thongefasses mit Ninivitischer keilschift. *Gottingen,* 1850, in-4, br., fig.

313 Lepsius. Uber die Manethonische bestimmung des umfangs der Ægyptischen geschichte. *Berlin,* 1857, in-4, br. = Denkmaeler aas Egypten und Æthiopien. *Berlin,* 1849, in-4, br.

314. Layard. Nineveh and its romains. *Paris, Gagliani,* 1850, in-8, br.

315. Mémoires sur diverses antiquités de la Perse et sur les médailles des rois sassanides, suivis de l'histoire de cette dynastie, par Mirkhond, tr. par Silvestre de Sacy. *Paris,* 1793, in-4, cart.

316. Collectio dissertationum rarissimorum, ex museo Grævii. *Traj. Batav.,* 1716, in-4, d.-rel.

317. Essai sur l'origine de l'écriture, par le marquis
de Fortia. *Paris*, 1832, in-8, br., fig.

318. Koutourga. Essai sur l'organisation de la tribu
dans l'antiquité, tr. par Chopin. *Paris*, 1839, in-8,
br. = Weiske. Considérations sur les ambassades
des anciens, comparées aux modernes. *Swickau*,
1834, in-8, br. = Baer. Essai historique sur
l'atlantique des anciens. *Avignon*, 1835, in-8, br..
= Ameilhon. Histoire du commerce des Égyptiens.
Paris, 1766, in-12, d.-rel.

319. Essai sur les dieux protecteurs des héros grecs
et troyens dans l'Iliade, par Al. Bertrand. *Rennes*,
1858, in-8, br.

320. Kippingius. Antiquitates romanæ. *Lugd.-Bat.*,
1713, in-8, v., br.

321. Bœttiger. Sabine, ou matinée d'une dame romaine à sa toilette (tr. de l'all. par Clapier). *Paris*,
1813, in-8, cart., fig.

322. Essai sur les antiquités du Nord, par Pougens.
Paris, 1799, in-8, br.

323. Verhandeling over drie groote Steenen beelden
in der jare 1819, etc., door C. J. Reuvens. *Amsterdam*, 1826, in-4, d.-rel., v. f.

324. Monumenti Sinici quod anno Domini 1625,
terris in ipsâ Chinâ erutum, phrasis et paraphrasis,
Andreas Müllerus edidit. *Berolini*, 1672, petit in-4,
cart.

325. Mémoire sur deux inscriptions cunéiformes,
par E. Burnouf, in-4, br., planches.

326. Grotefend. Die Münzen der Konige von Baktrien.
Hannover, 1839, in-8, br., fig. = Die Grabschrift
des Darius zu Nakschi Rustam, erlautert von F. Hit-
zig. *Zurich*, 1847, in-8, br.

327. Descriptive catalogue of a cabinet of Roman
imperial large-brass Medals, by captain W. Smyth.
Bedford, 1834, in-4, cart.

*Histoire littéraire, Biographie, Bibliographie,
Journaux.*

328. Richardson. A dissertation on the languages
litterature and manners of eastern nations. *Oxford,*
1778, gr. in-8, v.

Tirage à part de la préface du Dictionnaire arabe, Persan et
anglais de Richardson.

329. Chwolson. Uber die überreste der Altbabylo-
nischen literatur in arabischen übersetzungen.
Saint-Petersbourg, 1859, gr. in-4, br.

330. Jules Simon. Histoire de l'école d'Alexandrie.
Paris, Joubert, 1845, 2 vol. in-8, br.

331. Ficker. Histoire abrégée de la littérature clas-
sique ancienne, tr. par Theil. *Paris, Hachette,*
1837, 2 vol. in-8, br.

332. Eichoff. Histoire de la langue et de la littérature
des Slaves. *Paris, Cherbuliez,* 1839, in-8, br.

333. Saggio istorico su gli Scaldi o antichi poéti
scandinavi di Graeberg di Hemso. *Pisa,* 1811,
in-8, br.

334. Biographie universelle, *Paris, Michaud,* 1843,
8 vol., gr. in-8, br.

335. Dictionnaire biographique. *Paris,* 1834, 4 vol.
gr. in-8, d.-rel.

336. Fabricii opuscula historico critica. *Hamburgi,*
1738, in-4, v. m.

337. Quérard. Les auteurs déguisés de la littérature
française au XIXᵉ siècle. *Paris,* 1845, gr. in-8, br.

338. Bibliotheca classica, by Lemprière. *London,*
1832, in-8, v. f.

339. Catalogue de la bibliothèque du comte Boutour-
lin. *Florence,* 1831, in-8, br.

340. Encyclopédie des gens du monde. *Paris,
Treuttel et Wurtz,* 1833-43, 18 tomes en 36 par-

ties, et la première partie du tome 19, in-8, br.

341. Encyclopédie nouvelle, par Leroux et Reynaud. *Paris, Gosselin,* 1836-43, 40 livraisons, in-4, br.

342. Journal asiatique, rédigé par Chezy, Fauriel Klaproth, Silvestre de Sacy, Abel Rémusat et autres, 1ʳᵉ 2ᵉ et 3ᵉ série. *Paris, Dondey-Duprez,* 1822 à 1840, 18 années, en 19 vol. in-8, d.-rel., cartes et fig.

343. The journal of the Royal Asiatic Society. *London, Parker,* 1834-48, 9 tomes en 21 parties, in-8.

344. Transactions of the Royal Asiatic Society. *London,* 1824-31, 2 tomes en 4 part., in-4, rel. et br., et la 1ʳᵉ partie du tome 3ᵉ br., fig.

345. Revue américaine et orientale. *Paris,* 1858-59, 15 nᵒˢ, in-8, br.

LIVRES CHINOIS.

346. Le Péï wen yun fou, ou grand Trésor tonique de la langue chinoise, rédigé par ordre du célèbre empereur Khang-hi, par l'Académie des Han-lin, et publié à Péking, en 1711. 127 forts volumes chinois in-8.

Ce Dictionnaire impérial de la langue chinoise est assurément le plus considérable qui ait jamais été composé et publié dans aucune langue. Il est rempli de citations tirées de tous les ouvrages chinois, depuis les plus anciens jusqu'à ceux de l'époque à laquelle l'ouvrage fut rédigé. Il contient, comme le dit l'empereur Khang-hi, dans la Préface rédigée de sa main, et représentant le fac-simile de son écriture, plus de 18,000 feuillets, ou 36,000 pages, divisées en 106 livres, qui formeraient bien, dans une traduction européenne, la valeur de 36 volumes in-folio, comme le Thesaurus de H. Estienne.

Selon M. Callery, dont notre exemplaire provient, cet ouvrage est très-rare en Chine (à plus forte raison en Europe, où l'on n'en connaît que deux ou trois exemplaires), « et on ne le trouve « que dans les bibliothèques privées de quelques mandarins ou « de quelques lettrés qui, *pour rien au monde*, ne voudraient s'en « dessaisir. » (Prospectus d'une traduction de ce Dictionnaire, p. IX).

L'exemplaire que l'on présente ici aux amateurs de la langue

chinoise ou aux grandes bibliothèques, avait des *lacunes*, qui ont
été comblées *à la main* par un lettré chinois, lequel a cherché à
imiter, autant que possible, les pages imprimées. Il a été déclaré
complet par autorité judiciaire.

347. *Tching yu khao.* Petite encyclopédie où l'on
explique les principales difficultés du style ancien
et moderne. 1 vol. in-8.

348. *Chen pao tsa ki.* Mélanges d'histoire, de science
et de littérature. 2 vol. gr. in-8.

349. *Thsing ni ki.* Histoire de la révolte et de la ré-
pression des pirates dans les mers de Chine, en
1813, sous le règne de l'empereur *Kia-King.*

350. *Kan-ying pien.* Le « Livre des récompenses et
des peines, » traduit par M. Abel Rémusat et
M. Stanislas Julien, avec d'autres écrits *Taò-tse.*
2 vol. in-12.

351. Un volume bouddhique gr. in-8, couvert en soie
bleue, plié en paravent avec figures.

352. Un autre volume du même genre, également
bouddhique, avec trois autres opuscules chinois.

353. *Taï thsing tsin chin thsiouan chou.* « Almanach
impérial des *Taï thsing,* pour l'année 1840, com-
prenant la liste de tous les fonctionnaires publics
de l'empire chinois, etc., etc. 4 vol. in-12, dans
une enveloppe.

----

354. Isidore Lœwenstern. Manuscrits et opuscules
divers, au nombre desquels est un Essai de Dictionnaire des *Écritures cunéiformes,* et un manuscrit de
plus de 200 pages in-fol., sur l'histoire primitive
de l'Asie.

355. De Parthenopea Conjuratione nono Kal. octo-
bris anno MDCCI a Joanne Baptista a Vico con-
scripta.

Manuscrit de l'époque de Vico.

1175. — IMPRIMERIE DE J. CLAYE, 7 RUE SAINT-BENOIT, PARIS.